$\mathcal{K}$AIRÓS

EL ALMA DEL MUNDO

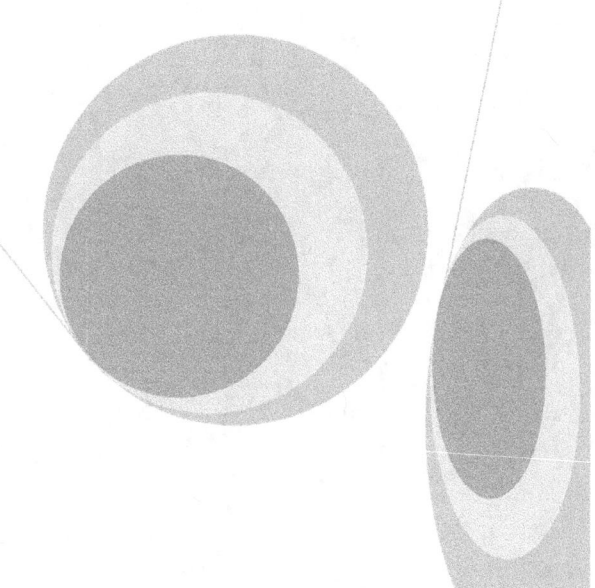

KAIRÓS

EL ALMA DEL MUNDO

KAIRÓS

EL ALMA DEL MUNDO

By Wladimir Moreira Dias

Universo Inteligente

Ansiedade zero

Templo da Malícia

Vencendo o Mundo

Coração Partido

Sonhos y Conquistas

Pulsação - Uma Viagem Rumo ao Desconhecido

O Manuscrito secreto do Rei Salomão

O Khan - A elite dos guerreiros

Alquimia das Emoções

Ritual da maturidade

Pulsação e o Manuscrito secreto do Rei Salomão

Pulsação - Uma questão de sintonia

Intelligent Universe – What is the ultimate fate?

A era da solidão – O mal do século

Pulse – Un viaje hacia lo desconocido

Páginas em branco

Napoleon – The fish

"Si usted está ansioso usted está viviendo en el futuro."

Gracias por la cooperación y la confianza de todos.

KAIRÓS

EL ALMA DEL MUNDO

PREFACIO

Kairós es un concepto de la filosofía griega que representa un lapso indeterminado en que algo importante sucede.

Su significado literal es "momento adecuado u oportuno" en la teología cristiana se lo asocia con el «tiempo de Dios».

Aunque el término utilizado en la antigüedad varía en los diferentes textos y aparece con significados ligeramente distintos. No se pueden unificar todos sus usos y el significado exacto debe extraerse del contexto. Ni siquiera siempre es asociado con el tiempo, pero sí con la eficiencia y aparentemente siempre juega un papel decisivo en las situaciones imprevisibles e inusuales y es una condición necesaria para lograr el éxito.

El la retórica el concepto era fundamental, que hacían hincapié en la capacidad de adaptarse y aprovechar las circunstancias cambiantes y contingentes.

En este sentido, kairós es "el momento adecuado para hacer algo"

Actualmente, el concepto es utilizado en diferentes ámbitos con significados variables, a veces relacionados con un espacio de tiempo y otras con un tiempo y lugar específicos.

Si usted está deprimido estás viviendo en el pasado, si estás ansioso usted viviendo en el futuro y si estás en paz, estás viviendo en el presente.

Por lo tanto, un cierto grado de ansiedad, llamado por muchos como "El Alma del Mundo" es incluso deseable para el manejo normal de las exigencias de la vida cotidiana.

Así, este libro se centra en técnicas para la estimulación del pensamiento abstracto y también lo valora las fluctuaciones emocionales.

La ansiedad es una anticipación de un daño o desgracia futuros, que se acompaña de un sentimiento desagradable y/o de síntomas somáticos de tensión.

El objetivo del daño anticipado puede ser interno o externo.

Se trata de una señal de alerta que advierte sobre un peligro inminente y permite a la persona que adopte las medidas necesarias para enfrentarse a una amenaza.

Una amplia gama de enfermedades médicas puede producir síntomas de ansiedad.

Para aclarar si estos son la consecuencia fisiológica directa de una enfermedad médica, se evalúan los datos de la historia clínica, la exploración física, las pruebas de laboratorio y los estudios complementarios, necesarios en función de la sintomatología que presente el paciente.

Es una sensación o un estado emocional normal ante determinadas situaciones y constituye una respuesta habitual a diferentes situaciones cotidianas estresantes.

Por lo tanto, un cierto grado de ansiedad, llamado por muchos como "El Alma del Mundo" es incluso deseable para el manejo normal de las exigencias de la vida cotidiana.

Únicamente cuando sobrepasa cierta intensidad o supera la capacidad adaptativa de la persona es cuando la ansiedad se convierte en patológica, provocando un malestar significativo, con síntomas físicos, psicológicos y conductuales, la mayoría de las veces muy inespecíficos.

Con frecuencia, la ansiedad depresión trae una serie de daños periódicos, que pueden ser muy particulares, especialmente en individuos con cambios de humor.

Estas personas pasan por extrañas fluctuaciones emocionales, o cambios de humor. A veces, se ven a sí mismos en la cima del mundo. Se sienten eufóricos y exuberantes, dispuesta a hacer cualquier cosa.

Pueden ser sereno y jubilosa, pero la mayoría de las veces, tal estado de ánimo expansivo cambia radicalmente a la timidez y la depresión.

TEMAS

- -Presentación

- -Depresión

- -Relaciones

- -Ansiedad

- -Aflicción

- -La Naturaleza Humana

- -Análisis Y comentarios

- -Positivista

PRESENTACIÓN

Los trastornos de ansiedad son enfermedades relacionadas con el funcionamiento del cuerpo y experiencias de vida...

###

Después de algún tiempo, ya en mi habitación, que estaba mirando unas fotos de la isla que fueron colocados en la pared frente a mi escritorio y también que estaba planeando visitar pronto.

Sin embargo, todavía me sentía un poco deprimido en el interior de esa habitación. Por desgracia, a veces esto me pasa a mí, independientemente de donde me quedo e do lo que estoy haciendo.

Según mi amigo Iohan, este tipo de comportamiento es bastante común en estos días, sobre todo debido a la tensión emocional a la que todos estamos expuestos continuamente.

Tal vez esta depresión repentina ha sido causada, paradójicamente, por la estabilidad emocional que vivía en esa granja, cosa bastante rara en mi vida, siempre preocupada y llena de bombardeo emocional.

Cuando esta inestabilidad emocional que me pasa, me busco a meditar un poco, de hecho, como los ermitaños monjes, fueron practicadas descubridores de esta isla, donde voy a pasar algunas semanas de vacaciones y ya desde el año 700, en busca de su interior equilibrio.

Sé que, en términos generales, el cerebro humano se enfrenta a un conflicto permanente entre el centro de la emoción, en busca de la satisfacción inmediata, y la zona de la razón, lo que favorece las metas a largo plazo.

Luego fui a la terraza, donde me gustaba meditar, aprovechando también para contemplar el paisaje de la finca, un poco atípico, y también para reflexionar un poco sobre todo lo que estaba sucediendo a mí, con mis emociones.

Me recordó a una de las películas que me emocionaron: Hombre Bicentenario, con Robin Williams.

Esta película es una ciencia ficción muy original y cuenta la historia de dos siglos de búsqueda de la humanización emprendida por el personaje principal.

Sin embargo, aquellos que buscan esta humanización no es una persona, sino un robot, una máquina creada por el hombre para que le sirvan.

Esta historia, de hecho, es una comedia interesante, porque se refiere a una máquina especial, que salió de la fábrica con un "pequeño problema".

Este defecto la convirtió, en un momento dado, sino que sienta que podría seguir una evolución más allá ya definida por el tuyo creadores. El robot trató de ser más humano con tus pasiones y deseos...

A veces me pregunto si es realmente posible tener una convivencia armónica entre la lógica y la emoción en un solo ser, o si siempre existirán estos conflictos, porque nuestra realidad es un gran laberinto de incertidumbres.

Creo que debemos mantener a nuestros temores para nosotros y compartir nuestra valentía, pero sin ocultar los temores en nuestros castillos subterráneos. Hágales atrapados en las células a través del cual pasamos todos los días.

Escucha, Sí, lo que tienen que decir, porque eso es lo que hacen bien.

Pero dejarlos tras las rejas, que cumple cadena perpetua. Y sólo caer su valor, el control sólo por lo que Indiferente vuelta en la arrogancia.

Siempre he tenido la costumbre de reservar al menos media hora del día para este tipo de análisis conceptual que me ayuda a tener una idea de la vida y me causa una buena sensación, una especie de auto-percepción de los valores, que siempre me ayuda a aclarar mis ideas y mis conflictos.

Me quedé un rato allí, balanceándose en una silla y pensando en un montón de cosas que son parte realmente casi integral de nuestras vidas, como los sueños, que, desgraciadamente, demuestra que sólo sueñan con nuestra vida no es para vivirla. Los sueños nos pueden ayudar a establecer metas, objetivos de vida, pero por otro lado también nos decepciona frustra y puede cambiar mucho las cosas que implica nuestra emocional.

Ellos incluyen, por un lado, los impulsos instintivos de la naturaleza y, por otra parte, incluyen sentimientos nobles. Yo soy un fan de la teoría de Jung, que compara la mente humana a una casa, donde los pisos altos, decoradas con sus objetos personales, representan niveles mentales más consciente y, a medida que desciende, son elementos universales, siendo que en su sótano es nuestro más profundo inconsciente.

Creo que el individuo puede lograr una gran superioridad intelectual y, sin embargo quedo emocionalmente a un bebé. Creo también que el equilibrio emocional y la madurez son ingredientes esenciales para nuestro propio desarrollo, pero para ello se debe adquirir un conocimiento íntimo de nosotros mismos, tenemos que poner límites a nuestros impulsos, deseos y sueños, tratando de alcanzarlos en un manera tan racional y organizado posible.

Una de las cosas más valiosas que podemos aprender acerca de las leyes cósmicas es que todo tiene un latido del corazón y sigue un ritmo (Kairós). Acción y el estancamiento, la emoción y la razón, la luz y la oscuridad, el tiempo para sembrar y un tiempo para cosechar.

Para vivir, respirar, tener un corazón y la frecuencia respiratoria, con pausas y movimientos. Esta pulsación realiza dos funciones importantes con el fin de recuperar una condición anterior y preparar para otro posterior.

A pesar de esta participación, casi nunca se dio cuenta de este pulso de la energía, esta armonía de la vida, que existe de forma continua, definiendo siempre movimientos, deseos y valores en nuestra vida.

Entonces decidí volver a mi habitación.

Fue cuando me encontré con un periódico local que estaba en el sofá de la sala. Después de leer algunas de sus noticias un poco más crítica... así que pude ver muy claramente que, independientemente de dónde estamos, siempre es muy difícil hacer cualquier análisis en el nivel de comportamiento, pero en realidad, no hay duda de la cara de dura realidad de la vida.

Muchos viven, pero pocos viven bien. Esto se debe a los intereses individuales son casi siempre primero, lo que representa un comportamiento muy simple y humana, la necesidad de destacar entre la multitud.

A la mañana siguiente, allí estaba otra vez hablando con Maryh.

Mientras finalizar el desayuno, hablamos acerca de la cocina y ella comentó acerca de un viaje que había hecho a Francia; por cierto, me dijo que en ningún otro lugar en el mundo del arte de comer merecía tanta atención como en esta región.

- Hierbas, quesos y condimentos combinados suavemente con todo lo necesario para brindar alegría inolvidable al paladar causada por esas salsas con base de crema agria, también las trufas inolvidables, sus vinos, realmente tiene grandes recuerdos de este país, dijo.

Siempre curioso, quería saber si ella ya sabía algo de la cocina brasileña. Ella, medio avergonzado, respondió que no sabía nada.

- Luego hay que conocerlo, Maryh porque nuestra cocina es uno de los más ricos del mundo.

No te pierdas la oportunidad

- Le dije a ella que siempre amable continuó hablando mientras bebía café.

En este momento, yo admiraba a través de la ventana de la cocina de las bellezas de una tierra donde el fuego y el hielo parecían en una batalla.

Cuando escuché Iohan llamarme y me invitaba a probar algunos otros licores que habían preparado, por supuesto acepté inmediatamente porque me encantaban esas sus licores.

Yo siempre pensé en Iohan como una persona muy equilibrada emocionalmente; tal vez su formación en psicología ha ayudado en este sentido. Cada vez que hablamos, me gustó explorar un poco estos conocimientos relacionados con la psique humana.

Cuando llegué por primera vez al balcón pude ver claramente que la paz de la mente que, para mí, era su característica, por otra parte, su placidez me impresionó mucho.

Después de experimentar una de sus licores, empezamos a hablar y de repente me estaba preguntando si en un lugar con tan bellos paisajes si podía conseguir malhumorado.

Después de mi pregunta, me miró y sonriendo, me dijo:

- Por supuesto, pero he aprendido a controlar muy bien, gracias a mi curso; y en el momento en que discutimos mucho sobre este tema, por cierto, sin temor a exagerar, creo que me he agotado, junto con mis colegas, todos sus aspectos.

Y continúa...

Usted sabe, por lo general cuando una persona está dirigido por una variable de estado de ánimo que resulta sentir esos terribles depresiones, que todos nosotros en un momento u otro de nuestras vidas somos testigos, que nos muestra que es, en cierta medida, completamente normal.

Sin embargo, a lo largo de mi vida, me enteré de que a medida que maduramos, también aprendió, la búsqueda de mejorar mi comprensión consciente o inconscientemente, tal vez, sobre las verdaderas causas de estas fluctuaciones emocionales y paso a paso vamos a estar mejor preparados para superarlos y, créame , esta es una lucha que dura toda nuestra vida.

Después de todo, como sabemos, en un solo día nuestra mente puede observar numerosas situaciones y nos influir positiva o negativamente en nuestro estado de ánimo e incluso cuando no nos damos cuenta, estas interferencias sociales son siempre activa y, a menudo, por una razón u otra, no manejar bien estas enormes cantidades de carga emocional que recibimos, hasta que finalmente definir nuestro estado de ánimo, que se convierte en un simple producto del ambiente externo a la que estamos expuestos y, a menudo resulta en un mal estado de ánimo.

Creo que este tema muy interesante, en las emociones

- Le comenté a Iohan, que fácilmente estuvo de acuerdo y continuó...

Para los individuos mejor preparados, toda y cualquier antagonismo siempre es visto como otro de los retos que hay que superar.

Las fuerzas de la vida que fluye en ellos como un resorte fuerte y elástico que no puede ser suprimida por siempre y, de esta manera, que han madurado.

Por otro lado, habrá también períodos fáciles en nuestras vidas.

Cuando el viento sopla a nuestro favor, el panorama es brillante, la alegría de vivir es espontánea y la voluntad de lograr es irrompible.

Esto puede ser tan famoso "nuestro tiempo", que pasa un par de veces en nuestras vidas.

- Me dijo y comentó Honestamente...

- Creo que el gran secreto para mantener la estabilidad emocional depende únicamente de la forma en que enfrentamos los diversos panoramas de nuestras vidas y la forma de gestionar, es decir, la preparación de cada uno hace una diferencia en el resultado final.

Como dicen lo que no mata seguramente nos hacen más fuertes.

¿QUÉ ES LA ANSIEDAD CERO?

Una búsqueda constante...

Siempre va a estar en el centro de nuestras emociones, siendo considerado por muchos como el mal del siglo.

El término "ansiedad" se puede definir de varias maneras por los diccionarios no técnicos: aflicción, angustia, alteraciones del espíritu causado por la incertidumbre en un contexto de riesgo, entre otros.

Cuando se toma el aspecto técnico en cuenta, podemos entender la ansiedad como un fenómeno que puede beneficiar o dañar nosotros, dependiendo de sus circunstancias o intensidad, que puede llegar a ser patológico, es decir, la ansiedad nos puede dañar tanto psicológicamente (mentalmente) y somáticamente (físicamente).

La ansiedad estimula al individuo a actuar; sin embargo, cuando en exceso, hace exactamente lo contrario, que se detenga la gente reaccione.

CAUSAS DE ANSIEDAD

Los trastornos de ansiedad son enfermedades relacionadas con el funcionamiento del cuerpo y experiencias de vida.

La persona puede sentirse ansioso mayoría de las veces sin razón aparente o ansiedad pueden tener sólo a veces, pero tan intensamente siente inmovilizado.

La sensación de ansiedad puede ser tan incómoda que para evitar que la gente deje de hacer cosas simples (como usar el ascensor) debido a la incomodidad que sienten.

SÍNTOMAS DE ANSIEDAD

Los trastornos de ansiedad son causados en un contexto con síntomas mucho más intensa que la ansiedad normal de la vida cotidiana. Aparecen como:

Las preocupaciones, tensiones o temores exagerados (una persona no puede relajarse).

Sensación de solidez que un desastre o algo muy malo va a pasar

Preocupaciones exageradas sobre la salud, el dinero, la familia o el trabajo

El miedo extremo de un objeto o situación particular

Exagerado temor de ser humillado públicamente

La falta de control sobre los pensamientos, imágenes o actitudes que se repiten independientemente de lo que va a pasar va a existir un pariente d de sensación de miedo después de una situación muy difícil siempre.

CONTROL DE ANSIEDAD

Medicamentos siempre con receta y siguen los médicos.

La psicoterapia con un psicólogo o un psiquiatra

La combinación de ambos tratamientos (fármacos y psicoterapia).

La mayoría de las personas con ansiedad comienza a sentirse mejor y reanuda sus actividades después de unas semanas de tratamiento.

Por lo tanto, es importante buscar la ayuda de un experto en el centro de salud más cercano.

El diagnóstico precoz y preciso de la ansiedad, tratamiento eficaz y el seguimiento de largo plazo son esenciales para obtener mejores resultados y menores pérdidas.

KAIRÓS

EL ALMA DEL MUNDO

Cuando el individuo se encuentra en un estado de ánimo deprimido, por lo general sufre en gran medida la creación de sentimientos de culpa y de inferioridad.

Para él la vida ha perdido su encanto, confianza en sí mismo muestra muy comprometido, hasta que por fin, comienzan a alimentarse deseos nihilistas.

Su vida parece una noche oscura que nunca terminará, asumiendo a menudo proporciones extremas que sin la debida orientación pueden alcanzar incluso un grado a menudo patológica.

Sin embargo, cuando este individuo tiene un asesoramiento adecuado, lo que traerá, sin duda, evitar que estos estados distorsión de las ideas que crean los terribles inestabilidad emocional, y que todos nosotros en un momento u otro en nuestras vidas fueron testigos o sentir en mayor o menor grado, nos muestra que, hasta cierto punto, esto es completamente normal.

Esto es cuando nuestro intelecto se convierte en esencial para lograr ese equilibrio interior mínimo proclamada sea y que nos permite disfrutar de una vida social.

Este equilibrio se producirá principalmente en que comprende, consciente o inconscientemente, las verdaderas causas de estas fluctuaciones emocionales, a los que estamos continuamente expuestos, dejándonos mejor preparados para que podamos superarlos, porque esta es una lucha interminable y dura toda una vida.

Nuestras mentes son testigos en un día, muchas situaciones que nos afectan positiva o negativamente en nuestro estado de ánimo, incluso cuando no nos damos cuenta, estas interferencias sociales están siempre activos.

En general, nuestro estado de ánimo es extremadamente susceptible a todo tipo de influencia externa y, a menudo, por una razón u otra, no manejar estos enormes cantidades de carga emocional que recibimos, hasta que todos estos flujos y reflujos emocionales externos en última instancia definen el nuestro estado de ánimo, la creación de un atmósfera psíquica inconsciente en el que ya no somos dueños de nuestro más humor, se convierte en un simple producto del entorno externo en el que estamos expuestos, a menudo resulta en un mal estado de ánimo.

Sin embargo, también hay períodos fáciles en nuestra vida cuando todos los vientos soplan a nuestro favor, el panorama es brillante, la alegría de vivir es espontánea y la voluntad de lograr es irrompible.

Esto puede ser el famoso "nuestro tiempo" que ocurre un par de veces en nuestras vidas, y por lo tanto, es prudente para sacar el máximo provecho de ella, pero siempre teniendo cuidado de no convertirse en un exceso de confianza y terminan creando una opinión de sí mismo, muy por debajo de su realidad, lo que sin duda traerá fuertes frustraciones futuras.

A menudo, cuando una persona se involucra por la emoción entusiasta que el éxito aparente, que a menudo conduce a un exceso, maltratar a los demás y antagonizar muchos intereses, provocando lo que se denomina reflujo social, es decir una fuerte reacción de la gente de la valla, creando un ambiente de nunca acabar de consternación en la espalda, con el tiempo aún más oscurecer su horizonte mental, contribuyendo a un inminente empeoramiento de una posible depresión.

Sin embargo, para las personas mejor preparadas, ningún antagonismo siempre se ve como otro de los retos que hay que superar.

La fuerza de la vida fluye en ellos como un muelle fuerte y elástico que no puede ser suprimida para siempre y con ella madura y crece más fuerte. En términos generales, nuestro estado de ánimo emocional determina en gran medida nuestra manera de pensar.

En un momento de profundo dolor sólo puede percibir hechos tristes y lo mismo ocurre con los tiempos más alegres, cuando sólo percibir hechos que nos llevan a un estado de ánimo eufórico.

Es deseable actuar siempre con cuidado durante estas fases de ascenso de la estado de ánimo emocional.

El gran secreto para mantener lejos de la depresión se basa en cómo vemos los diferentes paisajes que se forman en el curso de nuestras vidas y la forma de gestionar, es decir, la preparación de cada uno hace la diferencia en el resultado final de esta interminable lucha contra la depresión , lo que significa más o menos equilibrio equilibrio emocional.

Siempre es importante tener en cuenta, sobre todo en esos momentos de desesperación que no se puede intelectualizar absolutamente nada, que todo pasa y nada es realmente tan fundamental que puede suplantar importancia en la oportunidad de su vida.

La meditación es, sin duda, una de las técnicas más eficientes al momento de buscar el equilibrio interior y la práctica regular puede convertirse en un arma poderosa contra la depresión.

En la medida en que el individuo se ha mejorado esta técnica, empieza a considerar la depresión como un mero estado mental transitorio, lo que facilita mucho su amistad con ella.

Eficientemente utilizado por aquellos que meditan, cuando tienden a caer en una profunda depresión, es buscar en la meditación, la fuerza que necesitan para prevenir la propagación de la misma dentro de sí mismos, utilizando principalmente un análisis a fondo, un tipo de auto percepción de los valores, para la clarificación de ideas, porque en este contexto conocer las causas de la depresión, que puede disipar muy fácilmente y cambiar su enfoque toda su energía mental.

Contribuye a la persona a encontrar y se puede entender mejor sus orígenes, por lo que es más estable y menos susceptible a los cambios externos que se reflejan en las costumbres y las tendencias sociales que le rodean y le podría desequilibrar muchas veces.

Esta disminución se produce influencias la medida en que se dará cuenta de que cada etapa de la vida tiene el significado o importancia cuando se mueve hacia la madurez. Aparece como la base de todos nuestros problemas psicológicos.

En última instancia, todos nuestros trastornos mentales, neuróticos y psicóticos tienen su origen en la ansiedad y otras dolencias físicas, tales como insomnio, dolor de cabeza, problemas del corazón y la presión.

La ansiedad no se limita a cualquier etapa particular de la vida o cualquier grupo de personas, sus características penetra todas las situaciones humanas, y actúa directamente en el centro de nuestras emociones.

Ella no está relacionado con ningún objeto o actitud específica y casi siempre se expresa como un mal ininteligible, lo que significa una inquietud mental, que parece no tener objetividad.

Cualquier enfoque más específico para el problema de la ansiedad, requiere un conocimiento previo de las diferentes maneras en las que actúa en nuestra mente, es decir, hay dos formas de la expresión de la ansiedad dentro de la mente, directa e indirecta.

Las causas directas represión psíquica y se manifiesta indirectos como consecuencia de esta represión, lo que resulta en una creciente tensión interna refleja en la mente sin que la mente tenga cualquier conocimiento definido de lo que está sucediendo.

De todos modos, la ansiedad es un acompañamiento inevitable de la vida dentro del proceso de desarrollo y es a nosotros a través del arte de vivir, la mejora de las técnicas y habilidades necesarias para una mejor integración entre ella y este renacimiento continuo que es la vida.

La sabiduría de las relaciones humanas es la marca de una personalidad madura que lleva a la felicidad en la vida y también para el desarrollo espiritual.

Es esencial para nuestro crecimiento interior y el bienestar.

Nuestra vida se compone de diversos planes, lo que requiere un equilibrio relativo se les interpolar para tener una vida productiva y feliz.

Por ejemplo, para una persona para construir una carrera exitosa, no sólo el know-how o el equipo que tienen, pero pesa mucho de este éxito la calidad de la gente que conoce, es decir, el éxito futuro de este sin duda no lo hará simplemente ser un producto de la cantidad de habilidad que tenía, pero sobre todo cómo se las arregló para armonizar con las personas que en un momento u otro de su vida profesional, participaron en la contribución o retrasar este camino.

En el desarrollo de la habilidad en el trato con las personas dentro de su interacción, la posibilidad de fluctuaciones emocionales disminuye mucho.

Sin embargo, cuando usted no tiene esta habilidad, sus problemas están seguros de multiplicar, que le conduce a la alienación y antagonismo social, la presión será mucho mayor, dañando de que su saldo mínimo, tan necesaria para su desarrollo constructivo y realización espiritual.

Esto se debe a que el objetivo fundamental de la vida humana está esencialmente vinculada al concepto de las relaciones humanas y cuanto más se da cuenta de esta esencia, más claro se convierte en su visión cósmica de la prosperidad, lo que resulta en una vida social más importante y fructífera.

La depresión, junto con el dolor y similares son las aflicciones de la mente y pueden desaparecer sin alcanzar el nivel de desesperación, pero esto es mucho más profundo, afecta a la esencia misma de la existencia humana.

Es un trastorno emocional, una enfermedad de la mente, más o menos transitoria, la desesperación es mucho más crónica es una enfermedad del alma. Todos estos estados causan sufrimiento, universalmente experimentaron, creando un impulso natural de todos los seres vivos en el sentido siempre evitarlo.

Cuando pensamos en el dolor, siempre viene una connotación un tanto despectivo, un hecho negativo.

Sin embargo, cuando pensamos en todo cambia de placer, ya que es la meta de todas las fuerzas axiales, siendo un ingrediente esencial para el estado de felicidad y que los seres humanos sufren con mayor intensidad cuando se vuelve consciente de sus propias limitaciones. Sin embargo, su sufrimiento más profundo, en una paradoja, es también su momento de mayor alegría.

En el mismo acto de reconocer claramente sus limitaciones, en un sentido, trasciende todas las limitaciones y ve vivienda ilimitado profundo de tu ser, rodeado de numerosas limitaciones.

Así que el dolor y el placer se unen en este momento sublime de la iluminación, que define como la meta suprema de la vida, una felicidad dinámica que integra en sí, el dolor y el placer.

Moderación: cuando la pasión y la razón, la naturaleza y el espíritu deben ser dirigidas por una armonía dinámica.

Sin la guía de la razón, la pasión de la vida se pierde en autodissipação, en el caos de los impulsos contradictorios, que se reflejan en el espíritu.

La disciplina del cuerpo: cuando el cuerpo tiene que estar preparado, como una herramienta para buscar una vida espiritual más profunda.

Concentración: que es un paso esencial en la meditación y es movilizar los recursos de la mente en una dirección, se centra en la energía mental en un objetivo definido.

La observación de sí: es el momento de la suspensión, de completa relajación. Dejamos el cuerpo y la mente en la libertad y decidimos no hacer nada.

Discernimiento: consiste en la concentración y auto observación imparcial, buscando alivio del estrés y las tensiones de la vida diaria, que implican la relajación y auto vaciado.

Iluminación: sin ella, la meditación se reduce a un ejercicio inútil, porque es el alma de la meditación, es la percepción de ser.

Dedicación: es la etapa final de la meditación y se compone de una dedicación activa a la prosperidad cósmica, lo que representa el momento en el que la percepción de su ser se integra con el universo.

Algunas rutas de senderismo, es la sensibilidad que domina, es lo que rige sus objetivos, muy dañar su estabilidad emocional, evitando juicios más objetivas de los hechos, por último, una sensibilidad de esclavos.

Ellos llenan su vida con sueños, ensueños, pero la vida de ensueño, no la viven.

Tienes que seguir adelante, si lo usas sí, es bueno soñar, pero sólo acciones como motivadores.

Los sueños nos ayudan a trazar metas, objetivos de vida, pero por otro lado también nos frustra, nos decepcionan y se mueve mucho con nuestro bienestar emocional, que es el aspecto más importante de la personalidad humana.

Abarca, por una parte, los impulsos instintivos de la naturaleza y el otro incluye sentimientos nobles.

El individuo puede lograr una gran superioridad intelectual y todavía permanecen emocionalmente a un bebé.

El equilibrio emocional y la madurez son ingredientes esenciales para el desarrollo personal, pero para ello, tenemos que adquirir un conocimiento íntimo de nosotros mismos, tenemos que poner límites a nuestros impulsos, deseos y sueños, tratando de llevarlos a cabo de manera racional y organizado posible.

Desde la infancia el hecho de la muerte es un hecho que llama la atención, nos guste o no. No podemos vivir indiferentes a ella, porque nuestra estructura de toda la vida se basa en este fenómeno.

Sin embargo, la mayoría de las personas buscan alejarse de este tema, tan terriblemente perturbador, creando una inmensa emocional y sin resolver que atormenta al individuo durante toda su vida, paralizando su iniciativa y sofocando su espíritu, provocando intensas fluctuaciones emocionales.

La muerte en la mente funciona como un signo de interrogación negro y cómo las direcciones individuales a esta pregunta en su mente, determina todo su modo de vida y, por tanto, es una cuestión que tiene que resolverse en primer lugar, cada uno debe investigar, intercambiar ideas y encontrar su verdad a este fenómeno tan natural e intrigante de la vida.

Es la armonía. Cuando toda la existencia se unifica en el que se conjugan todas las contradicciones aparentes.

No puede haber felicidad sin auto-desarrollo adecuado, ya que hay muchas tendencias contradictorias en nuestra naturaleza. Un error doloroso es tomar tal o cual deseo demasiado, nunca dar mayor importancia a tal o cual aspecto de la vida a costa de todos los demás.

En caso de ser ante todo una organización inteligente auto dentro de nuestras vidas, que es el principio fundamental para lograr una vida equilibrada.

Siempre tenemos una multitud de deseos, aparentemente contradictorios y entrelazados en nuestra mente, hay diferentes impulsos primitivos, racionales, egoístas, altruistas y todo siempre dan ser administrado como objetivo la búsqueda de un espíritu de cooperación inteligente entre la naturaleza y el espíritu, ya que sin espíritu de la naturaleza es ciego y sin espíritu de la naturaleza se ve mermada, por último, en la vida, la felicidad sólo se puede lograr cuando se sigue la ley de distribución adecuado, que es el principio de funcionamiento de la armonía concepto.

En esta gran aventura que es la vida, esperamos un milagro cada día, pero nos olvidamos de que este milagro esta dentro de nosotros mismos, la vida misma.

Vivimos en un baño de sensaciones, de la que una parte pequeña atrae nuestra atención y que buscamos en la religión, el arte y la ciencia, el gran sentido de la vida, pero la experiencia nos enseña que no todos los caminos son para todos los caminantes.

Esto se debe a que algunos olvidan para ayudar a su interior al amanecer y terminan viviendo una existencia aburrida eso no significa que el éxito o el dinero, sino simplemente una vida equilibrada y bien vivida.

Nuestra realidad es a menudo menos dramática que la visión que se tiene de él, que siempre debe ser un optimista vigilante, renovar nuestra energía todo el tiempo, la purificación de nuestros pensamientos con una imaginación sana, tratando de mantener la mente siempre vigoroso y tranquila, después de todo en la piel, todos los problemas son psicológicos.

Para el optimista, lo que importa es saber que ahora, en este mismo momento, están naciendo, creciendo oportunidades ricas y puras, que la esencia más noble de la vida hace que el flujo de millones de seres, en todas partes del mundo, por lo que siempre porque ¿quién de nosotros tiene el privilegio de perder el flujo, las abstracciones vibrantes de la vida que sólo se manifiestan a través de positivismo, ser positivo, optimista, optimista, alegre, que las fluctuaciones emocionales son cada vez más distante de su corazón y su vida.

ANÁLISIS Y COMENTARIOS

¿Sufre con anticipación? Despierta cansado? No tolera el trabajo con la gente lenta?

Tener dolores de cabeza o muscular?

Te olvidas de las cosas con facilidad? Si su respuesta es "sí" a cualquiera de estas preguntas, es probable que sufra el acelerado Pensando Síndrome (SPA).

Considerado por los psiquiatras como el nuevo mal del siglo, la superación de la depresión, que afecta a gran parte de la población mundial.

En este libro, se entiende cómo la mente humana sea capaz de frenar sus pensamientos, manejar sus emociones de manera eficaz y redimir a su calidad de vida.

Aquí contiene alguna información más reciente sobre los avances de la ciencia en el tratamiento de trastornos emocionales.

Escrito con claridad y sencillez, su objetivo es repensar el paradigma cuerpo / mente, objeto reflexiones de Platón.

En este libre buscamos las bases de medicine de las emociones, la prescripción de algunos métodos para sanar: neuro integración emocional por los movimientos oculares, la regulación de la frecuencia cardíaca, la sincronización del reloj biológico, la acupuntura, el ejercicio, la ingesta de la sustancia Omega 3 y las comunicaciones técnicas afectivas.

Si bien no existen recetas infalibles para una buena salud, buscamos la plena salud sin plazo de prescripción, rs.

Nuestro orden social y el medio ambiente en el que vivimos ha cambiado en los últimos cincuenta años.

Y las posibilidades de que el ritmo de estos cambios aumentan y, en consecuencia, más y más personas sufren de trastorno de ansiedad son gigantescas.

Ciertas técnicas nos pueden mostrar que incluso antes de todo el caos de nuestra rutina, podemos vivir más en paz y más con pacífica.

Existen herramientas simples y naturales que le ayudarán a deshacerse de este mal que tanto afectan a su calidad de vida.

De esta manera, usted se sentirá mucho más seguro tranquilo y seguro para afrontar los retos diarios.

No espere, porque o se termina con la Ansiedad Antes o termina con usted!

Usted puede dejar de ser ansioso?

No, definitivamente no, porque necesitamos el mecanismo de la ansiedad para sobrevivir. Así que usted debe estar preguntándose: ¿cómo puede una persona ser menos ansioso de deshacerse de los tormentos de la ansiedad negativa? Ansiedad significa no estar aquí y ahora mismo.

Así que si lo que más hacer dentro de nuestra cabeza es pensar en varias cosas al mismo tiempo, es casi seguro que nunca estamos en el momento presente, generando una ansiedad negativa y síntomas más psicosomáticas causadas por ella.

Los trastornos de ansiedad son la enfermedad psiquiátrica más común y el resultado en el deterioro funcional y sufrimiento considerable.

Con base en los avances recientes en la investigación sobre los mecanismos de estos trastornos y la respuesta al tratamiento, conciso y fácil de entender textos, cubrir los siguientes temas: la epidemiología y la comodidad, diagnóstico y diagnóstico diferencial, teoría biológica y psicológica y el tratamiento con medicamentos, psicoterapia o combinado enfoques.

Los principales trastornos de ansiedad se presentan en este libro son: trastorno de pánico, trastorno de ansiedad generalizada, fobia social, fobias específicas, trastorno obsesivo-compulsivo y trastorno de estrés post-traumático.

Es el tráfico?   El pago de su automóvil?

La novela que no va bien?

La presión del jefe?

La sensación de no lograr lo que quieres?

La ansiedad puede estar socavando su vida.

Y con eso, lo que altera su vida cotidiana y su futuro.

Aprenda a controlar esta plaga de los tiempos modernos buscan sencillos consejos que le ayudarán a convertir su vida en algo vale la pena disfrutar.

En nuestra vida contemporánea, se hace indispensable, para investigar los orígenes de la ansiedad y enseña cómo vivir una vida menos estresante.

El uso de los métodos y técnicas propuestas, basadas en los mejores tratamientos psicológicos disponibles, podemos ganar una vida libre de convulsiones, la tensión y la emoción relacionada con la ansiedad.

Todas las personas pasan por algún tipo de preocupación por las grandes decisiones de la vida nerviosismo día de la boda a la ansiedad en un nuevo trabajo.

Pero ¿qué pasa con los más miedos "en reposo", menos perceptibles, que se refieren a decisiones cotidianas y las relaciones con los demás?

El temor íntimo, cambiar o errores cliché, pero para la mayoría de la gente, la ansiedad más comunes como éstos pueden actuar como saboteadores involuntarios.

Y, ¿hay algunas investigaciones recientes en psicología y neurociencia para reafirmar que el mayor obstáculo para la felicidad es el miedo.

Estudios de imágenes cerebrales muestran que cuando el miedo se ve desde otros ángulos, el individuo tiene menos probabilidades de sufrir de ella.

Pero ¿qué pasa con los más miedos "en reposo", menos perceptibles, que se refieren a decisiones cotidianas y las relaciones con los demás?

El temor íntimo, cambiar o errores cliché, pero para la mayoría de la gente, la ansiedad más comunes como éstos pueden actuar como saboteadores involuntarios.

Inspirado por las prácticas de meditación de Oriente, la atención plena es una poderosa herramienta de autoayuda que nos enseña a vivir conscientemente en el momento presente, dominar los pensamientos negativos y dejar de reaccionar ante todo en piloto automático.

Busque un análisis más exhaustivo de interior usted y sus emociones, encontrar tiempo entrometerse en técnicas simples y son inmensamente eficaz, que nos ayuda a vivir de una manera más tranquila, inteligente y positiva.

Las formas más comunes de la AOD (ansiedad, pánico y depresión), lo que permite a los lectores a aprender la diferencia entre los miedos individuales y sociales, entre el pánico y el trastorno de ansiedad generalizada, y mucho más.

Algunas personas se vuelven expertos por situación de vida empírica, porque llegar a acumular décadas de experiencia personal en las trincheras contra la AOD, habiendo experimentado el problema desde la adolescencia.

Vamos a trabajar un ambiente de confidencialidad y fiabilidad, así como el enfoque científico que hacen que el tema de un logro natural.

Levante la mano si usted nunca ha sufrido debido a la inseguridad o dicho a sí mismo "Yo no sé manejar las relaciones " .

Alguien Más? ¿O alguna vez perdido el sueño a causa de una pelea, o tener la impresión de que las cosas habían terminado por la mañana se dio cuenta de que una tormenta en un vaso de agua?

No es fácil estar a la espera de la respuesta de la otra.

Es menos fácil aún estar buscando señales que confirman que los dos no sólo quieren lo mismo que compartir el mismo deseo de estar juntos para siempre.

Muchas personas sufren de una sensación de fragilidad y casi eterna seguro de que sus relaciones no funcionan, ya sea porque piensan que van a ser dejados o porque creen que nunca será amado con la misma intensidad de su sentimiento.

Si usted está listo para dejar de repetir los mismos errores, aquí están algunas técnicas que pueden mostrar cómo obtener el amor que se merece y, mejor aún, cómo mantenerla.

Dividido en cuatro partes, usted descubrirá cómo surgieron sus conflictos, iniciar un cambio frente a los obstáculos que le impiden el cultivo de las relaciones de pareja, crear relaciones íntimas sintiéndose más seguro y encontrar a alguien que pueda hacer el plan. Sí, esa es la mejor parte!

Es hora de parar el sufrimiento y la tortura de pasar horas y horas pensando si usted todavía está bien o está a punto de pasar por una crisis. Tome la inseguridad momento de la vida y descubrir la luz del amor.

El segundo tema de los trastornos de ansiedad tiene como objetivo ofrecer al lector hasta la fecha, una información objetiva y estructurada sobre las diferentes formas de ansiedad y clínicos presentaciones de trastornos de ansiedad, creyendo que esto tendrá repercusiones en la mitigación del sufrimiento de los pacientes, a menudo mal entendido, incluso por la familia miembros.

Se aprende que la más precisa el diagnóstico, el tratamiento terapéutico más adecuado y los mayores son las posibilidades de recuperación.

Los trastornos de ansiedad son comunes y la limitación, lo que socava el desarrollo social, la familia, el rendimiento académico y profesional, pero tienen (todos sin excepción) tratamiento efectivo, y sus metas de remisión y recuperación sostenida. Este libro está dirigido principalmente a los psiquiatras, pero pueden ser de interés para los colegas de otras especialidades, los que trabajan con profesionales de la salud familiar y de salud mental en general.

Esto se debe, sin duda, todos ansiosos y examinar a los pacientes con trastornos de ansiedad en su práctica diaria, probablemente más a menudo de lo que piensas.

Las enfermedades como la depresión, ansiedad generalizada, trastorno de pánico, OCD, el abuso del alcohol y las drogas ilegales, el trastorno bipolar, la esquizofrenia y la enfermedad de Alzheimer afecta a una de cada tres personas mayores de toda la vida. Para proporcionar información sobre estos trastornos mal diagnosticados y tratados, la eliminación de la noción equivocada que las enfermedades de la mente no son más que la debilidad, la frescura, defecto de carácter o "cabezas de invención de las personas ", Los autores presentan aquí una guía accesible para todos los interesados en el tema.

Después de los informes de las personas que han superado o están en recuperación de un trastorno emocional, el trabajo ayuda a identificar la línea entre caprichos humanos normales de trastornos psíquicos.

Y, con el apoyo de expertos en el área de salud mental, explica m hasta algunos de los orígenes D trastornos emocionales, los síntomas que se manifiestan los tratamientos disponibles en el NHS y en servicios privados, las perspectivas de curación y control, consejos sobre cómo la familia puede ayudar a evitar el problema y qué hacer para prevenir este tipo de enfermedades.

Lo que no puede se está asentando. Lucha y siempre buscan el apoyo de la familia y amigos.

Hay métodos para combatir la ansiedad sobre la base de los principios de la terapia cognitivo-conductual (TCC).

En estos casos, el uso de terapias y sesiones con un paciente va a aprender a comprender y trabajar mejor su ansiedad, la identificación y pensamientos automáticos desafiantes.

Practicaremos cómo enfrentar sus miedos de una manera segura y estructurada, a través de la exposición y la tarea asignaciones supervisadas.

Obviamente los niños no están libres de este mal.

Todos los niños experimentan preocupaciones.

Ayúdelos a entender lo que es una preocupación, de dónde viene y cómo hacerle frente, es el primer paso para superar la ansiedad.

Trate de ayudar a ellos o enseñarles a parar y pensar dos veces, tratando de ver sus preocupaciones como son.

Mostrando nuevas formas de evaluar y superar el miedo al punto de vista psicológico, físico y espiritual, creativa, que sin duda le ayudará a su hijo a encontrar la confianza y el valor de decir: no más preocupaciones!

Levante la mano si usted nunca ha sufrido debido a la inseguridad o dicho a sí mismo " No sé tratar con relaciones " .

O eso nunca perdió el sueño por un pariente d de lucha, o tener la impresión de que cosa la mañana siguiente... simplemente da cuenta que cometió una tormenta en un vaso de agua?

No es fácil estar a la espera de una respuesta por el otro.

Es menos fácil aún estar buscando señales que confirman que los dos no sólo queremos lo mismo, ya que comparten el mismo deseo de estar juntos para siempre.

Muchas personas sufren de una sensación de fragilidad y seguro casi eterna que sus relaciones no determinado, ya sea porque piensan que va a ser la izquierda o porque creen que nunca será amado con la misma intensidad de su sentimiento.

Es hora de parar el sufrimiento y la tortura de pasar horas y horas pensando si usted todavía está bien o está a punto de pasar por una crisis.

Tome la inseguridad tiempo de vida y descubrir la luz del amor.

IMÁGENES MENTALES POSITIVAS

###

Siempre comience el día con: "Que tengas un día lleno de felicidad" y hacer que funcione a tu favor.

El objetivo final de la vida es la armonía.

Cuando toda la existencia se unifica en el que se conjugan todas las contradicciones aparentes.

No puede haber felicidad sin un desarrollo personal adecuado, porque hay muchas tendencias contradictorias en nuestra naturaleza.

Un error doloroso, es tomar tal o cual deseo demasiado, nunca se debe dar la máxima importancia a este o aquel aspecto de la vida, a expensas de todos los demás.

Debe ser BUSCAR ser ante todo un auto - organización inteligente dentro de nuestras vidas, que es el principio fundamental para realmente tener una vida feliz y muy equilibrada y sociable.

Siempre tenemos una multitud de deseos, aparentemente contradictorios y entrelazados en nuestra mente, hay diferentes impulsos primitivos, racional, egoísta, altruista, entre otros, y todos deben también ser administrados buscando siempre como objetivo principal el espíritu de la cooperación inteligente entre la naturaleza y el espíritu, ya que sin la naturaleza espiritual es ciego y sin espíritu de la naturaleza se ve mermada, por último, en la vida, la felicidad sólo se puede lograr cuando se sigue la ley de distribución adecuado, que es el principio de la armonía concepto-proliferativa.

Cuando miramos entre las líneas de esta gran aventura que es la vida, la esperanza cada día algún tipo de milagro, pero nos olvidamos de que este milagro esta dentro de nosotros mismos, la vida misma.

Vivimos en un baño de sensaciones, de la que una parte pequeña atrae nuestra atención y que buscamos en la religión, el arte y la ciencia, el gran sentido de la vida, pero la experiencia nos enseña que no todos los caminos son para todos los caminantes.

Esto se debe a que algunos olvidan para ayudar a su interior al amanecer y terminan viviendo una existencia aburrida eso no significa que el éxito o el dinero, sino simplemente una vida equilibrada y bien vivida.

Nuestra realidad es a menudo menos dramática que la visión que se tiene de él, que siempre debe ser un optimista vigilante, renovar nuestra energía todo el tiempo, la purificación de nuestros pensamientos con una imaginación sana, tratando de mantener la mente siempre vigoroso y tranquilo, después de todo el piel en todos los problemas son psicológicos, lo que importa es que ahora en este mismo momento, están naciendo, creciendo oportunidades ricas y puras que la esencia más noble de la vida fluye en millones de personas en todas partes del mundo, porque ¿quién de nosotros tiene el privilegio de perder fluye vibrante abstracción de la vida, que sólo se manifiestan a través de positivismo, por lo que siempre será positivo, optimista, optimista, alegre, fluctuaciones emocionales que son cada vez más distantes de su corazón y su vida. Empiece el día siempre visualizando:

"Voy a tener un día lleno de felicidad" y hacer realidad el trabajo en su favor. "

"El problema de los individuos ansiosos será siempre pensamientos en exceso, rs."

"Cuando me desespero, recuerdo que a lo largo de la historia el camino de la verdad y el amor siempre ha ganado. Ha habido tiranos y asesinos y por un tiempo parecen invencibles, pero al final, siempre caen - lo pienso, siempre".

Mahatma Gandhi

"Cambia tus pensamientos y cambia y nuestro mundo!"

INFORMACIÓN Y PUBLICACIONES

Twitter: AUTOR_WLADIMIR

INTERNATIONAL SITES

- Argentina
- Australia
- Austria
- Belgium
- Canada
- Czech Republic
- Denmark
- Finland
- France
- Germany
- Greece
- Hong Kong
- Hungary
- India
- Ireland
- Israel
- Italy
- Japan
- Korea
- Mexico
- Netherlands
- New Zealand
- Norway
- Portugal
- Romania
- Russian Federation
- Singapore
- Slovak Republic
- Spain
- Sweden
- Switzerland
- Taiwan
- Turkey

Blogger: authorwladimirdias.blogspot.com

Sobre el autor: Wladimir Moreira Dias nació en Sao Paulo, SP. Autor de varios libros de éxito, que actualmente se venden en más de 15.000 librerías de todo el mundo. Él tiene una licenciatura en Ingeniería Eléctrica por FACENS / SP, con Estudios de posgrado en ingeniería de producción. Con importante participación en el Premio de Literatura de Sao Paulo, de 2011, y en el Premio para Autores en Literatura Contemporánea de 2014. Cuenta con más de 30 libros publicados en varios idiomas. Él es también un experto en Lengua y Sociología debido a sus estudios en Cambridge, Reino Unido. En la actualidad, vive y trabaja en "Baixada Santista".

www.ingramcontent.com/pod-product-compliance
Lightning Source LLC
Chambersburg PA
CBHW080304290526
45790CB00005B/1921